聆聽星星訊息，召喚內在之光

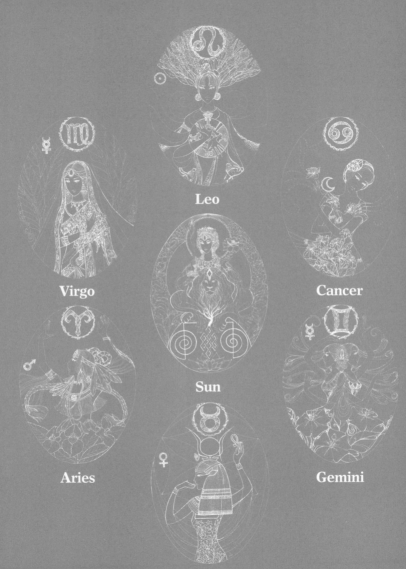

Leo

Virgo

Cancer

Sun

Aries

Gemini

Taurus

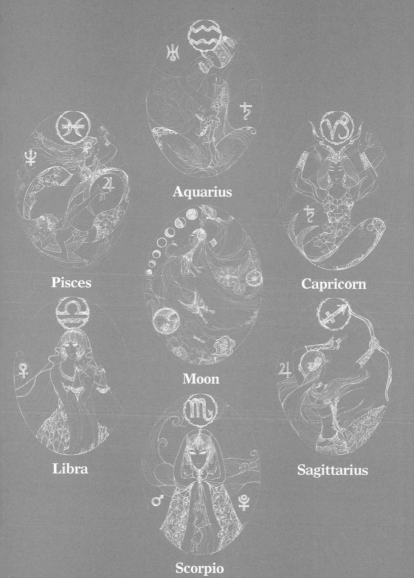

Aquarius

Pisces

Capricorn

Moon

Libra

Sagittarius

Scorpio

星光女神卡
Starlight Goddess
Oracle Cards
A 40-Card Deck and Guidebook

圖文創作
蔣豐雯 Francis Chiang

豐富文化

謝 辭

我們是一個整體，任何呈現出來的物質顯像皆非一人所能成就。這套牌卡的出版是我向宇宙發的願、下的單，非常感謝冥冥中一起參與了這張訂單的弟兄姊妹家人，因為有你們，才讓《星光女神卡》更加燦爛。

感恩光的上師愛瑟瑞爾、安德魯上師、烏列爾天使長，在出版前給予的訊息與教導，感謝 *Toni* 透過個人解讀過程給予我的支持與肯定。感謝 *Tori*、*Meichien*、*Autumn*、*Celine* 協助文稿的審校、修潤與建議，感謝 *Shizuka* 耐心調整設計細節，*Eric* 提供牌框版型建議、*Ellen* 協助牌框元素確認、上晴劉小姐、東海劉師父的大力協助，及小楊曾給予的協助。還有教導過我的光的教師：*Sunny*、*Ellen*、*Nancy*、*Emilie*，以及現在天使級次的老師 *Tori*。

感謝 *Shopping* 無心插柳的牽成，亞南的豪爽與信任，豐富文化於焉成立，牌卡有了家，進入漫遊者的大家庭，受到芳如、漢琦、大樹、天玉……等一家子的提攜與照顧。

最後是我的家人，我的根。我有幸誕生在稱不上小康卻滿溢愛的家庭，父親是遺腹子，成長過程中無父無母，十八歲隻身來台，從來不知什麼叫家庭溫暖；我的母親出生後家道中落，輾轉送養幾個家庭，寄人籬下，苦日子沒有少過。像這樣嘗盡人情冷暖的雙親，不知要有多麼強大的心念，才能無中生有創造出和樂家庭的想像。值此出版之際，在這頁面上，我邀請我的父母一同在這裡接受與分享愛。但願半百完成的首部作品，聊堪慰藉兩老對我的一生企盼。

❊ 目錄 ❊

光的牌組 The Suit of Lights

喚醒靈魂課題，進入覺知整合

帶領「光的課程」十幾年來，陸續聽過一些學生表達想為「光的課程」量身訂做一副牌卡，但始終停留在只聞樓梯響的階段。直到十二月接到豐雯急切的呼求，想讓 Toni 做個案時，我才確定這期待已久的牌卡終於問世了！第一次看見牌卡的圖案時，我跟 Toni 都有一種驚艷的感覺。Toni 更是迫不及待地用這副牌來幫自己解讀，整個過程也如行雲流水般地揭示 Toni 所走的治癒過程。

正如光的上師愛瑟瑞爾所說的，《星光女神卡》代表著高層次的意涵。我們可以透過這副牌卡來喚醒靈魂的課題，協助我們進入個人的療癒過程，並運用光的能量引導我們清理與提升，進而達到覺知的整合。很高興在這群體意識迫切需要指引的時刻，這份帶著宇宙與天使能量的禮物能及時到來，讓我們這些走在自我探索道途上的人，可以經由這個工具而獲得內在指引。不管你所熟悉的靈性教導是「光的課程」、占星或是花精，都可從中接收靈感與啟發。

而身為「光的課程」分享者的一員，最讓我感到欣慰的是，上師們的教導能經由另一種形式來表達，透過美好的色彩與圖騰，為人類的心靈帶來療癒。每當我備課時，便會為當天的課程抽一張牌，作為那特定一堂課的引導和運作方向。而在課程進行中，也往往能感到與牌卡之間的呼應。衷心希望《星光女神卡》也能成為大家善用的習修工具，讓更多人瞭解「光」所表達的意涵。

光的課程分享者 Tori

回應召喚的神聖禮物

經過書盒上對作者歌功頌德的文字迷障後,很高興終於我們在這裡相會。

熟悉身心靈領域的人,誰不是個個身懷絕技、功夫了得?豈我獨有?只是因為有了這副牌卡的出版,才讓我擁有一個平台,陳述五十年的了凡人生。

出版的資歷讓我清楚,經營一個新人需要十八般武藝端上檯面吸引目光,否則辛辛苦苦架構的平台,可能只剩寂寥。尤其是被封上收縮膜的書,是保護,也是一道無形的牆。所以,當各位已然登堂入室,關起門來說話時,我要跟各位深深的道謝及致意。那些我確實有過的人生經歷,充其量只是野人獻曝,並不值得大書特書、洋洋灑灑的侵占版面,這樣反見匱乏了。我,其實,只是一個勇敢,不怕打掉重來的人。

能夠完成這套牌卡,首先我要感謝自己。因為笨,得到許多寶貴的機遇;因為笨,得到不會計算而來的海闊天空;也因為笨,我的家人朋友與長官都不予我計較,給我的低 EQ 有後門可走;接著,我要感謝我的父母家人,總是讓我覺得他們以我為榮,我才有灌自己迷湯,消融掉卑怯之心的勇氣;再接著,要感謝城邦出版集團首席執行長,也是暢銷書作者何飛鵬社長。如果不是那一年他晉用我,敢賦予我闖蕩出版生涯的機會,我現在可能看不到這樣了然的風景。

在明心見性的旅程上,自己因為不再那麼執著,敢於慢慢鬆手,才得以重執畫筆。那是在十九歲美術系落第之後,就不

敢回首、也不願再提的前塵往事。不過,這副牌卡卻不是從美術角度出發的。因為這不是我個人頭腦的創造,我只是臣服於靈光乍現的瞬間、臣服於圖像希望成為的樣子、臣服於內在的訊息。

《星光女神卡》誕生的日子,正是 2016 年小年夜,維冠大樓地震周年忌。猶記彼時,我開始上色第一張牌卡 —— 太陽牌。聽到如此駭人的消息,為著一夕之間天人永隔的悲愴而震動著,想到多少靈魂家人奔波團聚,而後這樣緊緊相擁的離開。沒有人知道這背後究竟有著怎樣神聖的安排,我只知道,每晚與鞋子相別,第二天能夠再度醒來,意識清楚的穿上鞋子,都要感恩還有一天的機會,藉由物質的顯像來表達自己。那段期間我加緊腳步畫著牌卡,身體不適也不曾停歇,明確感覺到借來的身體與時間,終有期滿歸還之時,而且無人知曉那是三年五載?三十年五十年?還是三天五天?

現在《星光女神卡》已然奉在你面前,想傳達給你,有那麼一刻,那麼一個人,在思考此生究竟還要完成什麼?能完成什麼?如果浩瀚的宇宙,億萬年來都在回答著一代又一代對於生命的大哉問,那我們能不能讓自己保持凝定,接受細微卻讓靈魂悸動的指引。

這副牌卡帶著使命而來,我有幸能成為創作者。在此,願將星光女神帶來的強大療癒力,迴向有緣眾生,祈求平安、信心、智慧與愛,伴隨著你、無始無終。

與《星光女神卡》同時誕生的靈性名字

我一直沒有英文名字，直到要出版牌卡，第一個念頭就是想請「光的課程」大家長 Toni 幫我取靈性名字。透過個人解讀，現在我有了一個美好且帶著期許的英文名字 Francis，就出現在這副作品上。

大多數的人包括我，在天命中總是近鄉情怯，因此我願意分享這段對我來說非常可貴的訊息，也祝福所有的人有個開心圓滿的地球旅程。

問候你，我是愛瑟瑞爾，你是個高敏感度的人。你一直能覺知的去運用創造性的意識幫助人們找到他們的靈性領悟。你生來就具有與美和平衡的連結，渴望把喜悅帶給他人。你總是渴望成為一個為他人服務的人，以你的方式幫助他們走向成長的過程。沒有什麼能阻礙你的興趣及你的天賦，你的牌卡代表非常高層次的意涵。要記得許多人不知道他們靈魂中心點，他們只從身體層面去理解。透過光的運作幫助每一個人了解每個次元。你被選擇幫助他們理解光的力量，去學習光的頻率意識，這是透過默基瑟德天使聖團而來的教導。你的天賦會成為一種美好與平衡的表達工具，能用來作為療癒。

為你選擇的名字是個很有力量的名字，可以被使用，它是以聖方濟之名而來。不要讓自己陷入恐懼中，知道你能顯化自己的天賦。在光的運作的每一件事都在靈魂本源中強化，你是被祝福的。此刻天使長烏列爾也與你的能量連結，讓你從質疑中提升，進入更大的至善與療癒。你不要害怕，而是要喜悅，知道一切都會在有序化中進展。你將會學習更多每一張牌的影像的內涵。你會學習，會去幫助他人，這是一個神聖的禮物。不要用它來算命，而是用來幫助人們理解療癒過程和覺知的整合，以及光所表達的內涵。你會更為認知你所表達的。這牌將能被認知並擴展。

走在無懼中，愛你所做，接受你所創造的是來自宇宙與天使的禮物，來自這神聖聖團的能量。你是星星，你是光，接受它。不要害怕自己的進展，以及這些會如何開展。一切都會在正確的位置。

用牌卡演繹生命的軸線

星光女神卡終於順利出版，送達你的手中。這套牌卡將會隨著你的個人進展，而達到更深入的陪伴。古巴比倫時，就有占星的記載，而從古希臘時代，人類在占星學的研究上，已建立起豐碩的成果。後續在占星學上的交融影響或創新，都不脫這些基本綱體。萬物皆為頻率，行星與行星間、人與人之間、人與行星間，都存在著一條肉眼難辨的能量線。具體演出的事件有無限版本，但呈現的本質全是依照頻率在運作。所以，當心情低落時，外面艷陽高照也不覺和暖，但內心福滿時，濕冷蕭寒的天，卻仍覺得詩意無邊。

過往天、海、冥這三王星被發現前，火星、土星就被稱為凶星，比起土星平均走一個宮位要兩年半，天海冥更動輒從七年到十幾二十年。只有火星來得急去得快，平均走一個宮位不到兩個月，是當中行進速度最快的。其餘四顆星，遇到流年衝突相位的引動，若再加上行星逆行，當事人往往感覺備受拖磨、苦不堪言，非輕易能夠跳脫。所以生活在地球上的我們，時常喟嘆好事多磨、好景不長，由占星學的行運其實可窺其梗概。

因為占星學浩瀚無垠，非短期能夠深入理解，而相位牽引又常為我們生命帶來極大的課題，形成某些特定的人生劇本。因此，《星光女神卡》藉由行星、星座，與光的課程的各個光所對應的星座和行星交互演繹，希冀提供讀者另一個切入占星學與觀察物質顯像的工具。

行星牌組在實體的行星外，加上由黃道面（地球繞行太陽的軌道）和白道面（月亮繞行地球的軌道）交會出的南北交點，這兩個交點指出我們靈魂演化的軸線，在牌卡解讀上，有不同的象徵意涵。行星牌組的每張牌卡都有一個臼井靈氣（Usui Reiki）或卡魯那靈氣（Karuna Reiki）相對應的靈氣符號，修習過靈氣的讀者，可參酌使用。但因靈氣涉及系統傳承、各階次的點化、教授和練習，這部分還是必須經過老師傳授及實際的學習過程，因此書中對符號及其作用不會特別說明，讀者只需讓能量自然流動即可。

星座牌組融入英國占星師 *Peter Damian* 提出的十二星座與巴哈花精（Bach Flower Remedies，也譯為貝曲花精、巴赫花精等）相對應的花精，從這裡可以發現在各個星座與宮位的關注事項上，每個人都可能會出現過與不及的狀態。因此在解讀過程中，若有相關課題可以提供參考，或參酌所示花精服用。

至於光的牌組，只有「白色之光」沒有相對應的行星和星座。若修習「光的課程」到入門以上的行星級次，可利用光的金字塔、圖形與密碼等工具，直接進行靜坐冥想、釋放與轉化。這組牌反而比較像「小抄」，讓你可以時時提醒自己，其實手邊還有那麼好用的光的工具。

要特別加以說明的是，熟悉占星學的朋友，對於牌卡的詮釋，自有個人累積的經驗，不必受限於書中陳述的內容。因此，本書牌義的解說只會側重某些重點，作為提點參考，更深入的解釋還賴讀者多加閱讀相關著作。尤其使用兩張牌以上

的解讀更須觀察牌卡之間的關係，方不致斷章取義。

每副牌卡的誕生都有獨特的使命，《星光女神卡》的創作動機是療癒。因此，給予方向指引只是第一層意涵，真正的價值還是在於當我們的意識完整了，做任何選擇都能無入而不自得，地球才會真正成為我們的遊樂場。因為只有靈魂演化的高度，能夠為我們此生演出的品質操盤，這也是一開始就提到的，《星光女神卡》將隨著您個人的進展而達到更深度的陪伴。

與星光女神卡一起工作

創作概念

在《星光女神卡》的創造過程中，我最常被問到的一個問題就是：「你是在畫塔羅牌嗎？」不然可能就是：「那你畫的是天使牌囉？」這些問題約略可以反映出一般大眾，對這兩大區塊熟悉又陌生的情況。不過，這些疑問可能也是你的疑問，所以在此我先將女神卡的結構稍加說明，以幫助大家了解，進而協助大家靈活使用這副牌卡。

其實，要將這麼多的符號及元素融入一副牌當中而不顯突兀，真的不是件容易的事。這套牌卡以三的平衡穩定性建立牌組，由行星為軸貫穿整副牌，因牽涉到所屬牌組能量焦點之所在，所以使用各自獨立的療癒系統。其中，行星牌組的南北交點不屬於行星；光的牌組中，銀色之光不屬於靈魂光體的脈輪中心點。若先不算這三張牌，每個牌組都是十二張。從第一張「地球」到最後一張「黑色之光」，正揭櫫從地球行星到自我落實的朝聖之路。

另外，黑色之光結合大衛星月輪〔註〕的牌卡封面，這張牌的意義結合偉特牌大牌的「命運之輪」及小牌的「王牌（Ace）」，兼顧精神與物質性，藉由意識與焦點的提升或沉淪，每個人都有機會在地球開啟一個新的循環。封面牌展現整副牌的中心思想，與最後一張黑色之光正好首尾相應，並與第一張「地球」牌再度形成三的結構，加入牌卡的使用序位能更增加解牌深度。也因為意涵豐富，所以我未替此張

牌卡命名，只以「星光女神卡」的書名為象徵。譬如，抽到「黑色之光」與「星光女神卡」，雖主體都有黑色光之女神，但前者尚待落實，後者則已經準備進入下一個階段的開展與循環了。

另外，牌框乃針對所屬牌組來進行繪製。行星牌組的牌框是日月星，太陽居於右方理性給予之位，月亮居於左方感性接收之所。星座牌組的牌框是地水火風四元素，分別由花葉、水波、火焰及羽毛來象徵。光的牌組的牌框則是光之樹、光之果；女神圖像的下方，亦有所屬不同色彩的花型護牌神獸。因為行星的課題有些並不那麼輕鬆，由粉紅色神獸為行星牌帶來慈悲與愛的守護；而星座牽涉到面對十二個宮位不同的慣性模式，由藍色神獸來護衛，帶來智慧的領悟；至於光的牌組，對應個人靈魂成長階段不同的覺知，則由紫色神獸替正在進行和平轉化的磁場帶來保護。這些與每張牌相伴的神獸，具有穩定與落實能量的作用。還有我接受指引為女神卡背面繪製的大衛星日月輪，則具備統合整副牌並加以封存的力量。

使用重點

女神卡當中出現的行星，在和星座與光的對應上，雖然彼此相關連，卻有不同的側重面向。因為宇宙向來不做二元性的判斷，我們面對所有的人事物，儘管時而愉悅時而困頓，卻非恆常不變的，其中的關鍵因素還是與當下的認知有關。使用這副牌卡的重點也是一樣，「月盈則虧、水滿則溢」，宇宙只有變易是亙古不變的真理。

誠然，這不是一副以占卜為主要訴求的牌卡。星空給予的智慧向來不曾少，女神卡只是借用較多新時代的語彙和讀者交流。如果你願意每天抽一張牌卡，隨著當日女神的指引靜心冥想，深入自己的內在工作。並準備一本筆記本，寫下當天事件發生感受，及與牌卡的對應體悟。假以時日，將會明顯看到自己的進展，並了然收到什麼樣的禮物。這是最基本單張牌卡的使用方式，卻是最有效果的。

和女神卡工作並非單純的只看牌義，因為語言文字能傳達的極為有限，亦容易造成片面的理解。如果允許的話，建議你可以跟幾個朋友一起組成讀書會，針對大家彼此的狀況練習分享與解讀。這樣的互動會形成一個療癒圈，在過程中拓廣自己理解的角度，相信會為你帶來更多的收穫。

使用方法

無論使用哪一副牌卡，對牌卡心懷敬意與感恩，都是絕對必要的前提。這套牌卡是剛剛誕生的系統，相信經由越來越多讀者的使用和參與，未來運用的方式也將更加深入。下面是針對初學者介紹的啟用方式，所以我會試著說得更完整詳盡一些。

Step1 淨化

所有的訊息卡在使用前，淨化是一定需要的步驟。就像新買回來的衣服，為了清除製造與銷售過程中的各種殘留，多半會先洗過再穿。至於你想怎麼洗，沒有硬性規定，你可以依

照自己習慣的方式來進行。至於如果是由我來淨化這副牌，我會手持牌卡，觀想白光包覆環繞我們的氣場，逆時針將牌卡連同需要釋放的能量一起旋入地心。這其實只需要幾秒鐘的時間，意念所及之處就可以淨化完成。任何時候，你感覺需要淨化牌卡的時候都可以進行。

Step2 啟牌

當我們與陌生人第一次見面，如果彼此互不相望，想要建立關係可想而知是不太可能吧。所以即便是古代的媒妁之言，婚前不熟婚後也無意認識彼此，那你們之間只是擁有一張證書、操相同或不同的語言，卻無法共振。牌卡亦然，要與牌卡建立盟約，你首先要有意願認識，並願意信任神聖指引能助你探索未知。我通常會依照順序將牌卡拿起來，一張張的觀看、送出感謝並將之貼向心輪，這是我邀請牌卡的方式。就像每個人交朋友的方式不同，你也可以有自己的方式，關鍵只在於意圖及信念，你希望建立的是怎樣的相處關係，在啟牌儀式當中，就是系統設定的時機。

Step3 封存

啟牌儀式完成後，重要的是再以白光順時針環繞身體一圈，就能保護與封存牌卡的能量。這同樣沒有硬性規定，我在繪製與設計女神卡時，牌面的花型護牌神獸與牌背的大衛星日月輪、用來收納牌卡的盒與套及另外可加購的聖壇布，都具備這個圖騰，可以協助保護與封存能量。所以沒有看到這段文字或不習慣儀式的朋友也無需罣礙。

Step4 祈請

這我稱為國民禮儀，如果你希望某人作你的舞伴，那你是否該大方有禮的提出邀請呢？星光女神們不會主動降臨成為你的舞伴，除非有你的邀請。所以，當你想開始使用牌卡時，建議要先提出祈請，女神們會很樂意撥出時間來協助的。這個步驟我強烈建議不要跳過，就像你進教堂或入寺廟，都會先禮敬耶穌基督、聖母或諸佛菩薩，這是相當基本的概念喔。

Step5 提問

這是非常關鍵的一個步驟，如何正確的提問是非常重要的。如果你本身的意圖不清或動機不明，甚或聲東擊西。譬如明明想問的是愛情，說不出口就改成問工作，得到的指引當然可能答非所問。當然，也可能是你不知該如何問。簡單歸納提問的重點，不外乎有幾個大原則。一、不做二元性的好壞判定。二、不執著想要的結果而反覆詢問。三、一個問題中不混雜其他問題，若不能一次問完，就要拆開來，而不是像煮火鍋般全部加在一起。因為好壞判定是很個人的，牽涉的是理念與感受；疲勞轟炸的提問無助於真實的理解，對個人無益；至於大雜燴的問題沒有焦點，也不會有清晰的解答。正直與專業的牌卡諮商師能夠協助你正確提問，但如果你能夠自己慢慢的練習如何提問，不知不覺間，將會得到洞悉力的提升。

Step6 確認牌陣和洗牌

針對問題，判斷用一張或多張的牌陣。一張牌卡的「點」有益於靜心，兩張牌卡的「線」可以觀察時間軸帶來的影響，多張牌卡的「面」可以減少單一牌卡易流於主觀的詮釋，提供較為清晰的解讀。確認牌陣的同時開始洗牌，如果採用雙手畫圓的方式充分洗牌，請務必鋪上牌布。因為一副牌卡的價值不在價格，而在於可以伴你長長久久，使用牌布可以有效保護牌面延長使用壽命，也是我們對牌卡的尊重與珍惜。如果你手邊沒有牌布或是沒有展牌的空間，建議就用抽取式洗牌，但請不要用老千玩撲克的方式，女神牌是很優雅的能量，還請細心的呵護喔。

Step7 抽牌

洗牌同時一邊想著問題，等你感覺足夠的時候，就可以停下來將牌收攏，分成幾疊切牌。接下來的方式因人而異，你可以用左手由左至右畫出弧形展牌，左撇子的人則可以反向操作，總之就是使用非慣性的那隻手。當然，你也可以直接抽牌。如果非單張牌，就要依序將牌放在牌陣相對應的位置，慢慢培養對牌卡能量流的感知。

Step8 參考牌義

初次使用女神卡，建議先參酌書中的牌義。嫻熟占星學、光的課程的讀者，可以自行擴展篇幅有限的解釋。誠如前言所述，成為牌陣的牌卡之間，會有不同的關聯解讀，或強化或削弱某些課題的影響，切勿斷章取義。此外，我在每張牌的

左上方都標示出行星符號，並在第 123 頁安排了一張「行星
對應各星座的廟旺弱陷」表。時代使然，古典占星學強調的
行星能量大小，非現代心理占星學關注的，而且三王星在久
遠的古代尚未被發現，因此也不會出現在圖表中。我將之收
錄在文末，只是方便有需要的讀者參酌。

Step9 加牌

任何時候，你都可以就已經抽出來的牌來加牌。這是為了讓
你更清晰地看到問題架構，而非用來「翻盤」，如果本來輕
鬆的牌經過加牌反而變的沉重，那也是事件當中本就蘊藏的
能量，只是尚未被感知而已。留意加牌並不是無止盡的加上
去，你必須為自己保留沉靜的空間去體會，只要能點出疑惑
即可停止。

這篇很長的介紹到此終於進入尾聲，祝福在接下來的頁面
裡，大家都能善用星光女神卡來聆聽星星訊息，並以之召喚
內在之光。

〔註〕牌背面是大衛星、生命種子與日月輪結合的能量圖騰；至於封面與「星光女
神卡」的大衛星，則是上下兩個端點，分別結合白色之光與黑色之光的中心
點，由地球與月輪結合。

行星牌組的元素符號

行星符號 — ☽ — 月亮 — ♋ — 星座符號

日

月

行星或行星
象徵圖像

能量元素

靈氣符號

星

護牌神獸

Moon

| 牌面圖例說明 |

星座牌組牌的元素符號

行星符號 — ♀

金牛座

▽ — 四元素

風

星座符號

火

星座象徵

對應
巴哈花精
的花

地

水

護牌神獸

Taurus

| 牌面圖例說明 |

光的牌組的元素符號

行星符號 — ⊙ ☿ — 綠寶石之光 — ♌ Ⅱ — 星座符號

對應行星

光之果

靈魂光體的脈輪中心點

圖形與密碼

四面體金字塔展開圖

五面體金字塔展開圖

對應星座

光之樹

護牌神獸

Emerald Green Light

四面體金字塔對照圖

五面體金字塔對照圖

基本牌陣

牌陣的發展相當豐富多元，為了協助讀者可以直接切入要
旨。本書提供我使用過的，非常好用又好記的基本牌陣。

牌陣 1 洞見牌陣

一張牌的牌陣其實不在形體，而在背後相當強大的信念體
系。藉由單張牌卡，沒有互相援引的線或面，提供你在靜
坐冥想中深入探究起因，並由此獲得洞見。

牌陣 2 轉化牌陣

這兩張牌的牌陣，可以協助你直接看到問題需要克服的點，
這是非常直指核心的位置。並從禮物牌的涵義當中，思索
到這個課題提供給你的是怎樣的轉化能量。

問題與挑戰　　　禮物

牌陣 3 顯化牌陣

這三張牌的牌陣，藉由點出你心裡可能清楚，也可能尚未察覺的意圖，並由此與顯化過程對焦，最後看到可能完成的結果。這是自我觀照相當好的一組牌陣，經由這組牌義說明，協助你找到可加以調整的角度與方向。

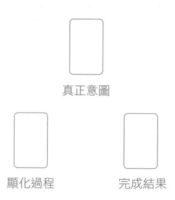

真正意圖

顯化過程　　　　完成結果

牌義説明

行星牌組 The Suit of Planets

行星牌組由 12 個行星牌及南北交點構成

裡面蘊藏許多靈氣符號及能量架構

經由你的意願，可為你帶來穿透性的提升和療癒

地球 Earth

地球女神看顧著你，讓你盡情創造在地球上
生活的每一天。

我擁有豐盛的資源，我可以放心地展開旅程！

手執眼鏡蛇地心權杖，身為大地守護者的地球女神，為你帶來一股向下扎根的能量。這是一張務實的牌。鼓勵你與大地連結，同時建議你加入生態環保、保護動植物的行列。飲食上多食用有機栽培或自然農法的食材，選用當令蔬果、均衡飲食，減少加工製品的攝取，並注意避免吃到有毒物質或不健康的烹調方式。有空多到戶外走走呼吸新鮮空氣，養成固定運動的習慣。如果可能，可以考慮進行一場身體排毒或參加淨化斷食營，能讓你恢復生機。

地球女神與健康議題關係密切，包括物質與精神層面，這張牌的出現提醒你要落實，再怎麼多的想法也必須具體執行，才會帶動豐盛之流。此外，建議你要以更宏觀的角度來看待不同的意見。四海皆兄弟，分裂與衝突都是可以化解的，包括身體的疾病。如果你詢問的內容牽涉到財務和事業，綠色企業、綠建築、綠色食品……，所有友善環境、動植物和人類的計畫都會得到協助；至於關係，則代表基礎已經穩固，可以往下一個階段邁進。地球代表支持與包容，也適合孕育新計畫與新生命。

⧼ 行星訊息 ⧽

- 注重健康，採取具有人道關懷的栽種和烹調方式。
- 減少加工製品、拒絕使用有害地球的材料、不浪費資源。
- 增加戶外走動的頻率，赤腳接觸土地與海洋，多接接地氣。

太陽 Sun

太陽女神引領你回歸此生的英雄之旅,銜接
內在自我的真實本質。

我內在的真實本質綻放光芒，我充滿力量！！

右手執智慧寶劍，左手持蓮花經書，太陽女神以火焰雄獅為坐騎，肯定你走在自我完成的道路上。太陽是你得以完成渴望的源頭，所屬的宮位即是舞台，也是你能夠盡情發揮光與熱並帶給別人溫暖的所在。做為太陽系的核心，太陽女神的王者風範，帶給你肯定與正面的解答，你所詢問的問題將會在實踐的過程中，與他人一體受惠。

太陽女神守護著獅子座，與王者之獅共同的特質是熱情、不拘小節、大方而慷慨。這張牌代表你可以往這樣的方向發展，越是願意分享與支持別人，這樣的禮物也將加倍的回饋自身。唯獨要留意的是，對外付出的同時別太以自我為中心，畢竟青菜蘿蔔，各有所好，支持卻尊重別人，才是發揮太陽能量的不二法門，也才是王者之道的展現。你可以了解一下本命星盤太陽座落的宮位，若在所屬宮位的特性上發展，將為你帶來豐盛與喜悅。關係上，帶有太陽特質的人，是適合與你一起展開探索的對象。工作與事業上，充分的自信，是你無往不利的推進器。另外，這張牌也對應到父親，如果成長過程中，你與父親之間有著隔閡或誤會，現在就是化解的好時機。

～～ 行星訊息 ～～

- 重新盤整未來的願景，檢視自己是否在正確的道途中。
- 對於興趣及能為自己帶來開心的事，不要遲疑的去經歷。
- 與孩子或具純真特質的人多互動，能讓你們更具創造力。

月亮 Moon

月亮女神喚醒你的直覺力，並提供你的情感與情緒
一個舒適的休息空間。

我敏感溫柔直覺力強，我會好好呵護這可貴的特質。

頭戴珊瑚寶冠的月亮女神，是最為溫柔無私的宇宙聖母，總在背後默默的支持、哺育你。從少陰到太陰，月亮守護一個女性由稚嫩到成熟的蛻變過程。隨著月亮的陰晴圓缺，引動身體周期性的變化與細微深層的情緒。抽到這張牌，提醒你珍視自己的內在感受，無論這樣的感受是否得到別人的理解或認同。請記住，感受是很個人的，無關乎對錯，因此要避免將自己暴露在不友善的環境中。月亮鼓勵直覺的開發。你的直覺之所以未被充分重視，是因為有太多的恐懼與擔憂形成干擾，破壞了原本具備的接收能力。一旦你有意識的選擇信任，相信讓直覺現身是安全的，精微的潛力就有機會被開發出來。

月亮守護著巨蟹座，所以也與母親、象徵母親的人，以及內心之家有關。如果你與她們還有任何未解的結，這張牌鼓勵你進行溝通，若是暫時還無法面對，可以先釋放壓抑的感受，直到真心願意轉化並送出祝福為止。打掃自己有形、無形的環境與心靈空間，讓平安與溫柔注入，你將擁有如同蝴蝶破蛹而出的能量，飛進斑斕多彩的下一段旅程。

∼ 行星訊息 ∼

- 整理居家與任何可以讓你休憩的空間。
- 徹底來一次斷捨離，避免在慣性中背負沉重的頻率。
- 安頓自己的情緒，不因他人的期待而勉強自己。

水星 Mercury

水星女神聰明知性，帶來縝密的思維及規劃能力，
幫助你清晰的表達與彰顯思想。

我聰明靈活又正直，是傳遞宇宙心識最好的使者。

繁花盛開中，雙手如行雲流水，指揮訊息進出的水星女神，為你打開清明的視野。抽到這張牌，代表是你將紛雜紊亂的念頭收束清理、聆聽指引的時候了。有時候你會在無建設性的思想理念、反覆的事物上原地打轉，思路就像跳針的唱盤重複播放，形成慣性的虛耗而不自知。這張牌的出現，代表清晰化思維並藉此與外界溝通，是突破現狀的最佳方式。身為忠誠的信使，水星女神能正確接收別人的想法，也能忠實地傳達。因此，祂的出現就是要提醒你喚醒這部分的本能，讓內在真實本質中，華麗的孔雀與純淨的天鵝共尊共榮，形成相互輝映的局面。

溝通聯繫的對外管道，表象由喉輪掌管，內涵卻源自心輪。唯有發自內心、出於最高意旨的話語，才有能量。這是在深度溝通後締結合作的牌，放諸四海皆準。你可以藉由書寫及教學來建立連結。如果在表達或組織上有障礙，可以祈請水星女神指引你善加練習並加以突破，並對隨之而來的結果保持信心！

⌒ 行星訊息 ⌒

- 說出自己的真實，練習表達自己真實的感受。
- 嘗試寫作或舉辦一場演講，訓練或精進與人交流的管道。
- 組織手邊散亂的計畫表，並將之付諸實行。

金星 Venus

Venus

金星女神為你帶來情感與財富的豐盛，並在關係中
展現平衡優雅與和諧。

我值得愛，我願意伸出雙手迎接屬於我的豐盛！

優雅與品味獨具的金星女神，掌管愛情與財富，滿全眾人殷切企盼的幸福感。這張牌顯示你已經準備好要與他人分享美好的事物 —— 包括愛情。金星女神守護著金牛座與天秤座，具有鑑別美感、衡量價值、溫雅和諧的能量。對於感情發展、財務等議題，也是一張桃花好運牌。女神的金星權杖向上高舉，放射出豐饒多產的葡萄與締結文書的莎草，光芒落實於地表。這個時間點，正是啟動計畫的好時機，因為內外緣具足，可謂萬事具備，而且還不欠東風。如果愛情處於曖昧狀態，也是告白的好時機，一切只待你展開行動。

金星代表你對外的形象、看待愛情的方式及使用金錢的態度。面對星盤第二宮的財帛，與第七宮的夫妻、合夥議題，價值觀至關重要。若彼此一致或相近，自然能免除無謂的紛擾，攜手前行。如果詢問的主題跟美感、品味、優質生活有關，金星是有利的支持，可以放心去做；或者，你也可以考慮開始從事這方面事業的拓展。

∽ 行星訊息 ∽

- 重新思考整理自己的價值觀，是否有益於未來的發展。
- 敢於展現魅力與品味，將原本具足美好的一面表達出來。
- 多與人交流互動，為自己打開新的機緣。

火星 Mars

火星女神帶來行動力，協助你加速，這能量同時也帶來旺盛的生命力與性的驅力。

不拖延，我現在就要為自己採取行動！

你有能力將想法付諸行動，保持活力但不要急躁。身配火星箭環，自火舌中一躍而出的火星女神，是聲名顯赫的戰神，守護著牡羊座與天蠍座。行動迅捷俐落，能將浮動在天邊的想法落實，也是運動員的守護者。這張牌的出現，提醒是展開行動的時候了，唯有如此，才能在做中學，一面修正並臻於成熟。需要留意的是，別因過於急切，疏忽原本該注意的，或過於激進造成人際關係的衝突甚或破裂。要注意天時、地利、人和，所以在過程中保持覺知是很重要的。

如果你詢問的是關係的議題，重點應當放在行動力的過與不及上面。若雙方處於停滯狀態，代表需要增強能量加以突破；反之，若感到彼此有矛盾產生，建議最好要調整節奏，凝定下來，因為愈是密切的關係愈容易流於慣性。習以為常的表達方式，有時往往就因為某些似有若無的尖銳，或帶有批判性的言詞造成誤解，產生口角，甚或鴻溝。在親密關係中出現這張牌，也可能表示你們正處於快速進展中，性的吸引力頗強。火星好比兩面刃，拿捏分寸需要智慧。因此，勇敢奮進之餘卻勿過於莽撞，是此牌的最高指導原則。

∽ 行星訊息 ∽

- 勇敢而不莽撞，行動前先弄清楚自己的意圖。
- 話到嘴邊留三分。即使得理，切記還要饒人。
- 對於遲疑反覆的事，該果決的做出判斷了。

木星 Jupiter

木星女神能夠放大所有的能量，提升擴大高遠的目標，
並為遠行的旅人帶來護佑與祝福。

幸運女神眷顧我，支持我拉高視野，擁抱更高遠的理想！

安坐江河百嶽之上、眼觀塵俗的木星女神，帶著喜樂的力量親臨，萬事萬物重燃生機。無私大方、心胸開闊樂於給予，豐沛的擴張性，讓所到之處的能量都被放大，甚至啟動大規模的計畫。木星是太陽系的最大行星，向來與宗教哲學、高等教育、出版等事務息息相關，也是古往今來公認的大吉星。因此，如果你有遠行的計畫，或涉及國外事務、出版寫作、講學及宗教領域等，可謂正逢其時。對於關係、工作事業、財運、健康……，也代表會進入一個新的良性循環。

宇宙意識並不做二元對立的好壞判斷，木星也依循同樣的神聖法則。所以，採取較大的行動前，請深思熟慮，勿盲目樂觀，因為木星的擴充性會增強影響力，切忌好大喜功。另外，遇到立場迥異、協商困難的事情，當需要依循宗教或法律途徑處理時，應提醒自己拉高視野再進行談判，才能確保對雙方都是公平合理的。只要你該準備的都已就位，萬事俱備、只欠東風，木星女神會慷慨協助，同時，越宏觀及利益眾生的計畫，越能引動宇宙之流，順利成就！

∽ 行星訊息 ∽

- 接受更高教育的機會，可嘗試出國遊學或深造。
- 出國走走觀摩考察，會帶來好運及能量上的復甦。
- 凡事要看到背後更高的善，打破過往的成見與束縛。

土星 Saturn

Saturn

土星女神帶來進階的學習課題，助你動心忍性，
增益其所不能，並深化你的實力。

我明白挑戰的背後有深遠的意義，因此蛻變出更好的我。

土星女神向來以紀律與權威著稱，以智慧長者之姿守護著摩羯座及水瓶座。這張牌的出現，可能會讓你感到沉重或受到限制，讓你去檢視一路走來的點點滴滴。所有你不想面對而亟欲走避的，這個時候便狹路相逢，還放大十倍，不由你繼續漠視。

牌面清楚呈現的土星環，像面鏡子掛在樹梢，並連接到女神身上。鏡面空無、徒留框環，象徵所有的過往與限制，皆是虛妄。然而土星女神帶來的挑戰絕非偶然，一定是潛伏了一段時間後，病於中而現於外，顯化成具體的事物讓人困頓難安，然後趁機將失衡的能量做個總清理。

雖然這段時期的壓力非常沉重，但只要能通過考驗，就能加深你的厚度，帶來成長，包括有形的物質及荷魯斯智慧之眼的打開。「不經一番寒徹骨，哪得梅花撲鼻香」是最佳寫照。因此如果問事時碰到這張牌，好事多磨是肯定的，過程中也不會讓人太愉快，你需要去看到選擇背後的動機與意圖，再決定是否該放棄或接受挑戰。如果這是無可迴避的選擇，就要打定主意，更有耐心、毅力的來跨越。走過之後，你將會戴上智慧的冠冕，在下一個階段的人生王國中登基。

～ 行星訊息 ～

- 留意思想有否僵固的跡象，是否願意嘗試不同的做法。
- 任重道遠無妨，但要知所進退，不是每件事都得死而後已。
- 重新檢視權威的議題，無論來自外界還是自身。

天王星 Uranus

天王星女神帶來突破性的能量，可以連接宇宙心識，
創造革新並建全社群及組織的發展。

我具備革新的視野，藉由突破性的思想與行動展開創造。

宇宙的訊息使者，天王星女神守護著水瓶座，以天王星寶冠接收宇宙信息，是現今寶瓶世紀最重要的能量。因為連結著其他星系，思維總是跳脫一般約定俗成的路徑。新觀點、突破性的發明、網際網路等虛擬世界，天王星帶來創造同時也帶來變革。時常會伴隨破壞與突發性的事件讓人措手不及，以加速後續的重組與建設。天王星比水星還要高八度，聰明靈活悟性高，最討厭框架。所以最高指導原則就是不設限。關於詢問的事項，代表需要從不同角度來思考，同時也要做好迎接意想不到狀況的發生。

超越時空的天王星女神，是人道主義的擁護者，博愛的特質充分演繹出「平等」的品質，對人不分親疏遠近，因此，在親密關係中，也容易讓伴侶感到疏離或沒有安全感。這張牌若出現在愛情或婚姻的議題上，往往象徵遠距戀愛、網路交友、分偶，或比較另類的伴侶關係。也表示彼此需要更多的空間，不適合太過黏膩的相處模式。其實，人生中唯一不變的事就是「變」。天王星教導你無常的功課，也唯有如此，宇宙之流才能不斷更新與釋放。只要勇於突破慣性與限制性思想，欣然脫離舒適圈，那麼開創新局將指日可待！

∽ 行星訊息 ∽

- 勿墨守成規，不要怕改變，挪出空間來因應新局。
- 以共同願景來經營社群，目標一致卻都保有高度的自由。
- 或許親密關係會面臨變化，這是探索相處模式的機會。

海王星 Neptune

海王星女神帶來無邊的想像力，超越形體與邊界，
進入幻想與靈性層次最高度的表達。

我是浪漫感性的藝術家，準備著手打造自己的夢想王國！

手握龍宮水晶球，環著三叉戟的海王星女神，以無邊的浪漫守護著雙魚座，是藝術才情最高的夢想家，也是空靈的修行者。由於慈悲為懷，能苦人所苦、樂人所樂；又因善於遊走在集體潛意識中，敏於感知他人的狀態，甚至消融了人我分際，承擔太多外在的情緒。海王星的無國界性，是締造幻想、迷醉虛無的專家。這樣的特質用於藝術創造上，能更新感官體驗的形式，且具備打動人心的內涵，產生讓人驚豔的作品，因此在相關領域中，是一張超級王牌。海王星的夢幻性，比金星還要高八度。也就因為較出世，當這樣的能量過於飄渺時，易耽溺而蹉跎，變成不切實際的空想者，更有成為上癮、犧牲者，甚至演變成將力量交付出去的禁臠。

關係中遇到這張牌，其實是深具挑戰的。海王星的桃色眼鏡，往往是霧裡看花，看不清周遭的人事物，因此不免有美化對方及過於理想化的解讀，與事實存在一定程度的落差，甚至隱含著欺騙。財務上遇到這張牌，除非是慈善家、修行者及宗教方面的人士，否則易因初始立場拿捏失準而造成損失，出現剪不斷、理還亂的局面。在靈性進展途中，隨時保持覺知及識別力，是充分展現海王星女神超凡創造的最佳途徑。

∽ 行星訊息 ∽

- 為自己安排時間閉關、僻靜的時間，回到內在。
- 留意相處關係有否失衡，健康平衡的關係才能長久。
- 試著或進行與藝術有關的創作，會讓你得到充分滋養。

冥王星 Pluto

♇ 冥王星 ♏

Pluto

冥王星女神帶來毀滅與轉化，放棄不再適合的，
才能破蛹而出締造出新的願景。

是放手與臣服的時候了，轉化才能重生，並啟動新局。

具有深邃力量的冥王星女神，守護著天蠍座，強大的穿透力，能洞察不為人知的秘密，深入潛意識去讀取資料。因此在精神分析、遺產繼承、性與生死和禁忌話題上，是相當強烈的指引牌。冥王星想做的事，很難有外力可以制止。帶著玉石俱焚、打掉重來的能量，為與不為取決於主觀的判斷標準，旁人難以撼動。抽到這張牌，表示需要突破更新、死後重生。想要留在原地，用力抓取原本熟悉但已不再適合的外在一切，顯然行不通。比火星還要高八度的冥王星，爆發的威力如同原子彈。無論再不樂意，信任、放手、破除我執是一條必經之路，唯獨如此，才能將意識提高到建設的層次，展現超凡的力量。

冥王星對潛意識和權力掌控分外敏感，在感情上抽到這張牌，意味著糾纏和控制的權力關係會在這段關係中上演。人我關係中，因為好惡分明與強烈執著，易涉及手腕和政治性的操控，不管這是來自於對方，還是來自於你。如果詢問的課題是事業和財務，那麼因為具備極強的掌控和洞悉力，你有機會放手一搏獲致成功。尤其當涉及政治性議題，冥王星女神毀滅和浴火鳳凰的勢能，反而有異軍突起的機會。

⁓ 行星訊息 ⁓

- 放下掌控與被掌控的需要，信任生命自有出路。
- 親密關係可能涉及占有、禁忌等沉重議題，宜妥善處理。
- 不必怕逆境與失敗，「塞翁失馬、焉知非福」。

凱龍星 Chiron

凱龍星

Chiron

凱龍星女神帶來療癒靈魂的能力，協助你治癒身體、
不想回顧的過往和前世的傷痕。

我能勇敢地從過去的傷痛中走出，召回真實的力量。

凱龍星女神以其超凡的醫療天賦，協助靈魂的傷痛得以轉化痊癒，並幫助有著不幸童年及受虐兒重新擁抱陽光。這張牌的出現代表你關切的事物或你自己，有一段不想正視卻揮之不去的傷痛。當涉及童年的不當對待時，即便現已經長大成人，但過於難堪的記憶會將之封存在過往的受虐感受中，形成缺乏安全感及信任的性格。

女神的箭射向地心，一旁蹦生而出的花朵，象徵必須將注意力放在釋放黑暗、迎接更新的創造上。與女神背對，後腳合一的獨角鹿，抬頭向上，可以看到潛藏不受控管的憂傷已在尋求並進行治療。這張牌也代表需要停下來檢視，是否還有哪些負面思想念向及記憶需要釋放。要繼續前進就必須先清理這些雜質，才能客觀的做出正確的選擇。只要願意從傷痛中療癒，走出對苦難的執著，就能擁有屬於你的光彩人生。

如果你詢問的是跟醫療等事務有關，譬如醫護人員、諮商師等，代表是適合的方向或選擇，這也是一張直接對應天生療癒師的牌。

～ 行星訊息 ～

- 三折肱而成良醫，好好運用你的療癒天賦。
- 釋放童年不愉快的記憶及感受，把支持送給孩提時的你。
- 若涉及相關人士的過往傷痕，理解並給予對方時間修復。

北交點 North Node

北交點女神帶來靈魂的訊息，協助你打開蒙塵的
眼與心，勇敢完成今生的表達。

所有的資糧都準備好了，我將往靈魂的渴望前進！

北交點女神與南交點女神住在相對的兩極，北交點女神為你點出靈魂成長必須前進的方向，正因於此，你詢問的主題一定是深受肯定且得到支持的！意在言外的是，這也代表目前的你，與完成狀態顯然還存有一段距離，必須經過意願及努力來達成，這也就是為什麼你現在還無法辨認出來的原因。

靈魂總是盼望能夠體驗與學習新事物，藉此拓展今生的可能性，所以往往會有許多的事件迫使我們離開舒適圈。偏偏我們的腦意識在經驗及記憶的修正下，太「聰明」而喜歡走安定保守的路線。因此，北交點女神的出現，正是要為你指出一條不熟悉但收穫絕對豐富的路，你必須識別出來，才能有意識的接受這特別的禮物。

這張牌相當耐人尋味，因為當事人可能一下子難以理解北交點背後深刻的意涵。簡單來說，若你詢問的是事業及生涯規畫，表示此事涉及你的天命，若詢問的是關係，則表示彼此有夙緣，待雙方的意願與努力來滿全。

～◎ 行星訊息 ◎～

- 盤整自己的人生，問問是否真心願意突破與成長。
- 這是能量極強的療癒牌，觀想及吟誦上方 OM 的符號能加速痊癒。
- 生命如同學步，放開雙手邁開雙腳，才能擁有一片天。

南交點 South Node

南交點女神提醒你從過往的習氣中出走，勇於向
未被創造出來的人生探索。

要有意願從沉溺中出走，就能迎接滿載祝福的人生

南交點女神與北交點女神住在相對的兩極，南交點女神為你點出過往所熟悉且耽溺的模式，這些業力的牽引，已然阻礙了你對生命的探索。因為熟悉卻周而復始的原地踏步，如同倉鼠跑滾輪，永無休止的讓你在相同的狀況陷溺，並以疲軟的反射動作來因應。生命一旦變得如此窒礙，就表示到了該做些改變的時候了。這張牌的出現，表示你明明看到很多明顯不再適合的徵象，但因為陷入固有慣性帶來的安全感，心底就是難以捨棄和改變，甚至變成飲鴆止渴。南交點女神建議你誠實的問自己，你詢問的主題是否是自己真的認為該繼續下去的？需不需要再釐清與思考？哪個方向更符合你內心的幸福指數？這樣的選擇能夠提供你靈魂進展的資糧嗎？

然而，除了上述主動的選擇之外，也有可能你還有些未了的因果需要平衡，目前不具有翻盤的機會。如果是這樣的情況，接受、釋放、與寬恕涉入整個情境的所有人事物，保持覺知，送出祝福而不批判，是你完成進展的重要過程。

〜 行星訊息 〜

- 勇於從窒礙及耽溺的模式中出走，才能讓自己成長提升。
- 進行與療癒相關的學習，將有效開啟你本具的天賦。
- 放棄不再適合自己的感情與工作，鬆開雙手才能更新。

星座牌組 The Suit of Horoscope

星座牌組由 12 個星座牌構成

裡面貫穿四元素、行星能量及花精的晶透頻率

作為個性自我的觀察者，引領你進入平衡與覺知

牡羊座 Aries

牡羊座女神強旺的執行力，帶領你積極的面對挑戰，
激發出本然具備的勇氣。

我的內在自我已然甦醒，即將展現卓越的行動力！

配戴勇氣之石與和平之羽的牡羊座女神，屬於陽性與火象的創始星座，掌管先天第一宮上升點的自我宮，從這裡我們呱呱落地，開始探索人生。春分的牡羊座誕生於萬物滋長的季節，比同屬火象星座的獅子座和射手座都更具爆發力。因此牡羊座女神帶來全面的進化與提升，讓你充分善用火星的行動力實踐自我，卻不致自以為是或漠視別人的福祉。若你害怕為自己發聲或對此有批判，牡羊座女神再次肯定你必須成為自己的首領，別因恐懼壓抑真實的想法，讓展現較高自我成為你個人力量的基石。

若詢問的事情與他人有關，建議堅定溫和的表達自己的立場，火星的戰鬥意識必須在以和平為依歸的願景上，才能發揮積極正面的力量。此外，這是一張利於業務拓展的牌，你只要先回到自己的中心，並保持機動與活力，就能順利推展。

❦ 花的訊息 ❦

當牡羊座火星的行動力失衡的時候，有時會變得太過性急，總覺得別人慢半拍、覺得別人不夠好、速度太慢等等。因為沒耐心等待而一手操辦所有的事，這種狀態常出現在主管或強勢伴侶的身上，久而久之下屬及另一半越來越萎縮，雙方都陷入負面的循環中，相對強化了火元素焦躁的負面特質。對應巴哈花精裡的鳳仙花精（Impatiens），可以協助那些急躁所引發的憤怒及呈現出這樣狀態的人。

金牛座 Taurus

金牛座女神掌管價值的議題，助你深入看待
物質、美感、金錢當中多層次的關係。

我卓然的品味，能體現資源當中更深層的價值。

左手持生命之符（Ankh）、右手表達愛的語言，埃及的金牛座女神屬於陰性與土象的固定星座，掌管先天第二宮的財帛宮。當我們出生後，進入到這個宮位就開始面臨實際的生存問題，因此物質與資源、品質與價值，都是金牛座的金星會去衡量跟把關的。金牛座多半具備理財能力，天生就能將物質價值發揮到極致，與生俱來的美感和品味，可以輕易的展現豐饒與愛，通常也精於飲饌等餵養人們口腹的感官。金牛座女神喜歡比較慢一點的步調、穩重一點的表達，不急不徐的品味日常。出現這張牌，可以去檢視關於自我認同與安全感的課題，什麼是你真實渴望的？什麼工作可以展現你的天賦才華？什麼事會帶給你安全感？怎麼做能讓你感覺權益受到保障，同時也能發揮自我的價值？思考這些事並據以執行，是充分發揮這張牌的最高指導原則。

❧ 花的訊息 ❧

金牛座的金星能夠識別物質的價值，但當過於重視而失衡時，就容易淪為物質主義，變得較為現實、趨向保守，因為害怕失望，總是以悲觀和負面的角度來預期外在的一切，因而也總會看到事情不如人意的一面，再因此吸引加深這樣信念的實相，相對強化了土元素僵固的負面特質。對應巴哈花精裡的龍膽花精（Gentian），可以協助那些容易自我否定、被眼前困境遮蔽而走不出來的人，離開悲觀的視野看到積極樂觀的面向。

雙子座 Gemini

雙子座女神敏捷的接收和傳達能力，可以精準的溝通
和串聯彼此，建立連結。

我思路敏捷，能生動傳達各種訊息並建立連結。

發送與接收訊息全然同步的孿生雙子座女神，屬於陽性與風象的變動星座，掌管先天第三宮的兄弟宮，這個宮位與第四宮都位於星盤最低處，分別象徵我們對外連結的雛型與提供安全感的來源本質。第三宮與幼年基礎教育、兄弟姊妹甚至街坊鄰里的往來都有關係，是與外界最初始的溝通位置。雙子的水星善於表達、反應靈敏，像綜藝節目主持人讓氣氛絕無冷場，而且蒐集分析資料極有效率，就像一台配備精良的電腦，turbo 的速度讓人難望項背，只是不求深入。

抽到這張牌，表示必須以雙子為師，適度的溝通交流，不宜閉門造車。工作或事業上，以幽默的態度，藉由腦力激盪可帶來突破。關係上，與手足或情同手足的相處有關，或你們雙方都很健談、交流通暢。當雙子座女神降臨時，風一般的快速節奏可讓訊息直接透過喉輪來轉換，演講、工作坊、業務推展或做個短期旅行，會替你帶來創造性的能量與感受。

～ 花的訊息 ～

受敏捷的水星影響，雙子座常喜歡不斷的蒐集情報，有時會演變成資訊上癮的焦慮症，譬如一邊與人聊天一邊滑手機，一邊又想著其他的事，一心好幾用。因為過多的訊息反而下不了決定，迷失在更多的外在意見中，相對強化了風元素浮動的負面特質。對應巴哈花精裡的水蕨（又稱紫金蓮，Cerato），可以協助對自己沒有信心、總要四處詢問別人意見、不能聆聽內在聲音的失衡狀態。

巨蟹座 Cancer

巨蟹座女神溫暖我們的內心之家，在各自舒適的殼中，
獲得滋養、重新充電。

我珍惜並善用我的直覺，這是我神聖的禮物。

以月之溫柔放射光芒的巨蟹座女神，屬於陰性與水象的創始星座，掌管先天第四宮位於天底的家庭宮，是我們內心最需要安全感與撫慰的所在，就像沉入大海或深植土中，是我們原生家庭與內心之家的根。受月亮影響，情感上會顯得更為幽微與敏感，深海般的情緒帶著許多外人不察的暗流。第四宮對我們影響至鉅，不管是否認同原生家庭，除非有深刻的覺知，否則很容易一邊批評，一邊卻照著我們批判的特質如實演出。夏至的巨蟹座，代表陰氣生而陽氣開始衰的交界點，具有母性孕育的特質，以溫柔予人穩定的力量，是家族成員遮風避雨的港灣。由於長期扮演供應者，常因無止盡的付出而失衡，女性尤易患有生殖及婦科方面的疾病。因此，請留意別因慣性付出而讓自己感到價值低落。你渴望像家人般互相支持的工作環境，也適合從事具備「家」特質的行業；情感上，對於已有穩定對象或共同生活的人，營造各自專屬的私密空間，是更能滋養雙方的方式。

～ 花的訊息 ～

巨蟹座的情緒容易波動，需要溫柔以待。當現實不符期待時，會退縮到保護殼裡，沉浸在想像世界去期盼明天。所以常健忘恍神、心不在焉，強化了水元素耽溺的負面特質。對應巴哈花精裡的鐵線蓮花精（Clematis），幫助活在當下，壓力來的時候能勇於面對，而非靠著幻想規避問題。因此急救花精也將之選入其中，在緊急狀況時可以協助恢復意識。

獅子座 Leo

獅子座女神彰顯我們的神性，支持我們以內在天賦
完成自我的此生英雄之旅。

我願意成為真正的領導者，大開大闔的展翅翱翔。

雙手穿越星際馬雅圖騰（Hunab ku）的獅子座女神，紅披風揚起太陽之火，是屬於陽性與火象的固定星座，掌管先天第五宮的愛情與子女宮，是相當愉快的享樂者。這是我們渴望帶來自我滿足的創造位置，所以包括愛情玩樂、投資與子女，都屬於這樣的能量。雍容華貴的獅子座，是王者的象徵，這張牌肯定你具備或需要發展出領導力及陽光的特質。也因為喜歡受到尊崇，難免容易好大喜功，甚至流於揮霍虛浮，所以出現這張牌也要適時稍加節制。

此外，這是一張非常適合創作的牌，如果你有任何想要寫作、繪畫、跳舞、玩樂器等諸如此類可以帶來開心的念頭，都值得著手進行。包括在關係對等的前提下好好談一場戀愛，或是回復初戀時的無憂去經營情感，都是被支持的。

❧ 花的訊息 ❧

在獅子座與太陽的雙重影響下，常心生「為往聖繼絕學，為萬世開太平」的抱負，這本來是好的，但有時發展過度卻演變成救世主情結。由於習慣當老大及自信心十足，難免太過熱心卻固執己見，希望全部照自己的理念行事。如此非但對他人造成壓力，也消耗了自己，強化了火元素稍嫌霸道的負面特質。對應巴哈花精裡的馬鞭草花精（Vervain），巴哈醫生將之歸於「過度關心他人福祉」的族群中，可以用來平衡一言堂式的理念輸送，鬆掉馬鞭草性格這根緊繃的弦。

處女座 Virgo

Virgo

處女座女神縝密的分析與療癒力，協助你處理
工作與健康的議題。

經由不斷的學習與精進，我能療癒所有的狀況。

穿著紅色潔淨紗麗、配戴心輪療癒石的處女座女神，屬於陰性與土象的變動星座，掌管先天第六宮工作與健康的宮位，以縝密及邏輯性的思維，能有條不紊的梳理好各個環節。潔淨如少女的質感，水星的能量展現在清晰的組織力和精細的手工上，但由於土象務實的特質，反而常因完美主義、吹毛求疵、見樹不見林的鑽牛角尖性格而遭詬病。處女座古來就熟悉藥草及醫療，又具備高度的服務特質，因此是工作、僕役、健康相關議題的第六宮掌管者，適合醫護人員、營養師、編輯、品管、手工藝創作等需要細心與專業的行業。

出現這張牌，建議你可以安排健檢，飲食均衡但不必過於挑剔，尤其對人事物的潔癖，易引起消化系統及腸胃的不適。與人相處宜輕鬆以對，因為對外界的批判皆源於自我投射，當對外不再過於責求時，更能專注於內在的整理；此外，花點時間當志工、照顧小動物、蒔花弄草都是很好的提案。

花的訊息

處女座的服務性格，奉獻而不求回報，專注於做自己認為該配合的事，卻不一定得到相對的尊重。處女座的水星帶來的療癒力，同理別人卻壓抑自己的情緒，給予不當對待一個合理的詮釋，誤解了謙卑的意義，甚至有可能演變成腳踏墊、出氣筒而無力改變，相對強化了土元素沉默隱忍的負面特質。對應巴哈花精裡的矢車菊花精（Centaury），協助平衡這樣失去自我的狀態，幫助找回並重新成就自我。

天秤座 Libra

天秤座女神優雅的品味與均衡感,為婚姻與結盟,
帶來和諧的能量。

我能優雅智慧的,在各種狀態與關係中找到平衡。

配戴比翼金冠與項圈的天秤座女神,屬於陽性與風象的創始星座,掌管先天第七宮下降點的夫妻宮,凡涉及法律契約的合夥關係,就以七宮作為代表。秋分的天秤座,正好與第一宮牡羊座的自我宮遙遙相望,都是屬於晝夜均等的位置。星盤上第一宮到第六宮屬於一天當中的夜晚,因此進入到第七宮,已經從個人擴展到兩個人的緊密相處和經營,事物逐漸浮出檯面。因此人我間的平衡、協調與拿捏,就是主要的學習與挑戰課題。優雅的天秤金星,總是希望維持平和與公正,企盼面面俱到、深怕衝突,抽到這張牌,提醒你在人我之間找到平衡點,對於公正也要有更高的視野,勿齊頭式的強調表面和諧而粉飾太平,讓問題不得浮現。

受到金星優雅和諧照耀的天秤座,性格上有一種穩定性,異於同屬風象星座的雙子座和水瓶座,因此。無論你所詢問的事情屬於哪個範疇,掌握金星的原則即是王道。

～ 花的訊息 ～

天秤座的金星,重視平衡與和諧,總是在分寸間斤斤計較,為了顧及矯枉過正的人我平衡,容易失去主心骨,別人無法知道他真實的想法,也因為太多的評估在內心上演,外表便呈現猶豫不決、在兩造的選擇間游移、朝令夕改,強化了風元素搖擺不定的負面特質。對應巴哈花精裡的線球草花精(Scleranthus),協助有這樣狀態的人能理智果決的下判斷,不將能量消耗在周而復始無謂的評估上。

天蠍座 Scorpio

天蠍座女神清晰的洞察力與穿透力,帶領我們看到
並轉化幽微難辨的關鍵問題。

我能愛，也能在離別來臨時送出祝福，好好說再見。

粉緞白裘斗篷，深紅內裡的天蠍座女神，屬於陰性與水象的固定星座，掌管先天第八宮的疾厄宮。因為與神祕、陰謀、幽冥等能量相關，包括：性、死亡、禁忌、遺產……，都屬於天蠍座與第八宮主要管轄的事務。他們是愛情中的烈火情人，敢愛敢恨，在親密關係中讓人銷魂的指數，由其奪魁絕對當之無愧，但若想全身而退的向他們提出分手，恐怕就不是說著玩了。冥王星在情感上的強大威力，轟轟烈烈，世俗情感的肥皂劇，若沒有天蠍參與演出，票房肯定要少掉一半。當登上權力糾葛的舞台，天蠍負面特質顯現時，操弄人性也會是他們的強項。

然而，他們卻也是最深情的，只要是被天蠍認定的，即使為之赴湯蹈火，眉頭也絕不會皺一下。這個時候，他們的烈士性格就充分活出火星的特質。這張牌饒富深意，只有你知道誰扮演天蠍的一方。在心理學與精神分析上，天蠍絕對佔關鍵位置。因此，天蠍座女神的出現正是要提醒你，善用洞悉力去看穿表象，進入核心，並藉此發揮蛻變重生的高頻勢能。

❦ 花的訊息 ❦

天蠍座的冥王星以強大的掌控力，相對強化了水元素情感依附的負面特質，往往會太過關心所愛的人，但因為帶著占有及渴望回報的愛，當不符期待時，受傷的心會引發更多的傷害。對應巴哈花精裡的菊苣花精（Chicory），能夠提升愛的品質，協助有菊苣傾向的人讓愛自由，從這樣緊繃的需索中鬆綁。

射手座 Sagittarius

射手座女神樂天與慷慨的特質，以天真赤誠的
活力開弓，射出喜樂的軸線。

讀萬卷書行萬里路，為我的生命帶來更大的喜悦。

配戰士翎、著皇家至善護甲的射手座女神，屬於陽性與火象的變動星座，掌管先天第九宮的遷移宮，堪稱是十二星座當中最愛好自由的星座。第九與第十宮都是星盤裡最高的位置，差異的是第十宮的事業更偏向個人性與世俗價值，而第九宮則更在乎宏觀的理想、理念等相關主張，國外事務也由其管轄，包括宗教律法、高等教育、出版講學、國外旅遊⋯⋯等。射手的箭向來高遠，以木星的擴張和火的行動力，在較高角度的拓展上可謂攻無不克。因此，如果你正逢展開新計畫或新事業，這張牌可以肯定你的選擇是值得行進的方向，過程中有貴人相助，順利且進展神速。在火象的三個星座中，射手屬於變動星座，深具彈性，是最能顧全他人需求與協調的。樂善好施的性格使得你交遊廣泛，若詢問感情，與心儀對象相偕出國旅遊，可以加深彼此理念的交流，分享好時光並有益於深度的交往。

～ 花的訊息 ～

射手座以木星的慷慨及喜樂特質，通常對朋友都很好。在團體中是大家的開心果，風趣而幽默。因為性格獨立、不愛麻煩別人，面對自己的愁苦，往往都是自個兒獨自承受，人前歡樂、背地裡掉淚，因此雖然人緣很好，卻多為淺交。對應巴哈花精裡的龍芽草花精（Agrimony），能夠協助這樣性格的人誠實面對自己的情緒，不再佯裝歡笑、報喜不報憂，讓「流著淚的小丑」能夠摘下面具，勇敢活出內在真實的和平。

摩羯座 Capricorn

摩羯座女神一絲不苟與超凡的毅力,指引你穿越障礙,
成就內在的權威。

我堅忍負責、任重道遠，值得眾人依靠與信託。

頭戴羊角箍冠、身穿綠松（天）、蜜蠟（地）、珊瑚（人）三色羅衫的摩羯座女神，屬於陰性與土象的創始星座，掌管先天第十宮位於天頂的事業宮，這是我們星盤當中的最高點。走到這裡，象徵世俗上的功成名就，也是人生鎂光燈的焦點。冬至的摩羯座，是陽氣生而陰氣開始衰的交界點，任重道遠、可受重託，有超凡堅毅的勇氣。當別人紛紛倒下時，他卻仍能挺住，完成原本設定的任務，有點像龜兔賽跑。因為性格內斂安靜，小時候通常乏人關注，往往要年長後才會嶄露頭角，有那麼一點「不發少年人」的味道。這張牌的出現，代表你已穩定許久，固著的信念體系很可能僵化，不覺的讓土星環變成緊箍咒，使你變得限縮及缺乏彈性。所以若是詢問事業，必須選擇穩健經營的模式及工作，以更深遠的角度來看待深耕的意義。至於關係，則涉及某種類似命定的約定，與責任和承諾有關，壓力在所難免。需要的是去識別各個層面上，這樣的約定是什麼？是否符合靈魂真實的渴望？又希望如何去履行？

⌦ 花的訊息 ⌫

孩提時的摩羯座，個性通常較為內向害羞、敏感怕生、安靜而怕表露自己的想法。但對於這些擔憂與恐懼卻都只能默默承受，相對強化了土元素退縮與延遲的負面特質。對應巴哈花精裡的溝酸醬花精（Mimulus），它生長的環境需要乾淨潔淨、含氧足夠的溪水才能存活，因此可以用來協助對已知事物感到恐懼壓力的紓解。

水瓶座 Aquarius

水瓶座女神平等與博愛的特質，以更宏觀的視野，
為群體注入和諧新世界的能量。

我開放包容與博愛，足以創造出群體的新視野。

執大衛星風水寶瓶的水瓶座女神，屬於陽性與風象的固定星座，掌管先天第十一宮的福德宮。這是一個與群體有關並帶著喜樂分享的宮位，在這個地方，我們形成社群，打造和別人和平共榮的舞台。對應天王星的宇宙性，水瓶座顯得格外特立獨行、不循常規，也不屈從一成不變的體制，是天生的發明家或占星師。秉持人道主義的情懷，常挺身為至高原則奮戰、勇於突破框架。

抽到這張牌，顯示你必須用新的思維去看待目前的生活，並投注未來新的觀點和契機。天王星帶來的變動是劇烈且超乎預期的，甚至有可能轉換跑道、搬家，或離開如同雞肋般食之無味的關係，以展開與過往全然不同的生活。同時，也表示你適合比較大的組織，與志同道合的夥伴為相同理念而奮戰。雖然水瓶座有自己的風格主張，但因為同時受到土星女神的護佑，在相同價值理念的團體中，建立、鞏固並保障自我認同，也是這張牌具有的基本能量。

～ 花的訊息 ～

需要在社群中活動的水瓶座，當本來能接受較高指引的智識往負面方向發展時，常會因為優越感而拒人千里，性格顯得過於孤傲。許多天才都有這樣的傾向，把自己囚於孤芳自賞的象牙塔裡，逐漸與外界隔絕開來，這樣相對強化了風元素與土星疏離的負面特質。對應巴哈花精裡的水堇花精（Water Violet），可以協助呈現這樣狀態的人重新回到人間，穿越孤獨、接受友誼。

雙魚座 Pisces

雙魚座女神帶來靈性覺醒，破除僵固的腦意識，
以藝術和感官來觸及內在更深沉的領悟。

我慈悲善良，但能分辨人我的情緒並保有健康的界限。

向上揚升與深入潛意識同步的孿生雙魚座女神，屬於陰性與水象的變動星座，掌管先天第十二宮的玄祕宮，也是靈修的宮位。這是真實自我出現前，難以被他人發現的位置，也是深入潛意識的所在。水象星座一向具備同理心，心思柔軟細膩，在十二宮、海王星及變動星座的多重影響下，更容易把別人放在自己之上，願意犧牲以完成救贖。這樣的特質帶有高度的宗教性，能苦人所苦，是慈悲的修行者。也因為高度的感知力及直覺，易沉浸在別人的情緒與故事中，溶蝕掉人我之隔。面對親密關係，雙魚的柔情似水如同流沙，是一路沉到底的不回頭，安徒生的「人魚公主」就很能代表為愛徹底犧牲的義無反顧。抽到這張牌，提醒你要辨別主從：你詢問的是自己關注的？還是別人加諸於你身上的？是自己想要的？還是以為必須要的？靜下來感受真實的感覺，才真能進入問題的核心。

⟡ 花的訊息 ⟡

雙魚座的海王星，以迷幻浪漫消融邊界著稱，對應到十二宮的玄祕與隱藏，暗指潛意識的黑洞，包括通靈及無形界的干擾。倘有木星帶來修行，因靜心功力深，尚能區辨而不受負面勢能之擾。但對一般懵懂而門戶大開的雙魚座，就易因過敏體質，又不知如何自我保護而陷入恐懼，沉入水元素無意識的負面特質中。對應巴哈花精裡的岩玫瑰（又稱岩薔薇，Rock Rose）花精，適用於帶來驚恐、昏迷或喪失神智的突發狀況，因此也被選入急救花精複方的配方中。

光的牌組 The Suit of Lights

光的牌組由靈魂光體的 12 個光及銀色之光構成

裡面包含光的金字塔、圖形與密碼

作為冥想卡，能為你帶來深刻的洞見與覺知

銀色之光 Silver Light

銀色光之女神，以宇宙聖母的愛帶來支持和保護，
讓你得到撫慰及深層的寧靜。

我向溫柔敞開，因為我是安全的、被支持與呵護的。

銀色光之女神傾注著銀色聖杯，噴泉似的燦爛光芒，帶來溫柔的支持與療癒，撫慰你敏感易受傷的心。潔淨的陰性能量，對應月亮與巨蟹座的溫柔，可以拉近與修復和母親的關係。如果你們之間有著難解的結，讓銀色之光帶領你，感受來自本源的支持，知道雙方都有此生的學習課題，也各自在矛盾與掙扎中。你們已經走過一段試圖給予對方禮物的過程，只需要對此表示感恩。假使你的母親已不在身邊，祈請銀色光之女神促成你們在光中和解及團圓。

銀色光之女神賜予你無盡的支持，帶來肯定的能量，讓你知道無論現實的表象有多麼不溫暖，都要肯定自己是珍貴的、值得被愛的。有時候，因為孩提時被冷酷對待的經驗、不受原生家庭的支持或離棄，這些深藏在心底的創傷，使你很難表達內心真實的需求與情感。為了保護自己不再受傷，連帶使你選擇推開愛，同時也推開了接受豐盛的能力。在銀色之光的照耀下，你可以選擇成為自己的父母，重新擁抱愛。

≈ 光的指引 ≈

出現這張牌，讓我們經驗月亮般溫柔細緻的呵護，可以從靜心中，將這樣綿密柔軟的品質帶回生命裡。純淨的銀色之光，總是增強我們接受的能力，使我們願意敞開，接受宇宙豐盛之流的滋養。當你面對挑戰時，觀想銀色之光為你帶來慈悲的能量，作為精神上的依靠。對應感情，則表示你有機會遇到像家人般彼此支持的對象。

白色之光 White Light

白色光之女神，從靈魂中心點啟動大我的神聖本質，
協助清理釋放不再需要的能量。

我清理淨化所有的磁場，將沉重的頻率送到光中釋放。

白色光之女神，融合所有光的顏色形成白光，帶著全面的療癒力，為你啟動頭頂上方六吋的靈魂意識之眼。在白色光之女神的護持下，你可以祈求「讓你看見你願意看見的，及所必須知道的」。這全面淨化的白光，能清理釋放我們無意識或習以為常、日積月累的大量負面雜質。剛開始的時候，往往要花比較大的工夫才得以慢慢鬆動陳垢，但這是提升與淨化自我的必經過程。

由於我們每天的思言行，都或多或少帶著負面與沉重的頻率，所以每日的淨化是非常必要的。就如同維持清潔，我們天天都需要洗澡。人類的頻率不是恆常不變的，隨著遇到的人事物，總是呈現不穩定的波動。如果長期處於能量低落、低頻的狀態，時日一久便會形成結晶，轉而影響到身體的健康。因此，只要你將意圖放在每日的淨化，將那些結晶帶到表層，送入光中，就能獲得療癒的力量。

光的指引

出現這張牌，提醒你許多陳年舊帳必須了結，了結的方式就是決定放下。當你下了這樣的決定，就沒有什麼事是不能化解的了。白色之光是一股能量強大且應用廣泛的光，任何時候，都能在你身體外圍形成一個保護場，釋放清理掉不屬於你的能量。你也能將白色之光不帶控制的送給需要的人，並尊重對方以其個別的意願來接受。

金色之光 Gold Light

金色光之女神，啟動宇宙天父頂輪的轉化能量，
協助你活出內在本質的太陽。

我轉化負面的思想與舊有模式，讓我的願望具體實現。

金色光之女神，乘著宇宙天父之光而來。啟動我們位於頂輪的宇宙真理之光，以熊熊燃燒的火焰，焚燒掉習以為常、慣性思維的枷鎖，讓我們從阻礙前進的過往模式中解脫出來。而其對應的太陽與土星，使你遭遇了土星嚴格的教導後，從中轉化僵固的信念，並以正面能量去創造動力，練就出信心，而成為一輪永不西落的太陽。

「用相同的方式做事，卻希望得到不一樣的結果」這就是期待總是落空的盲點。也可能，你已經走到某個成熟穩定的臨界點，不突破即將變得死氣沉沉，愈來愈像活化石。因為人生地圖必須時時更新，才能協助生命的進展。

對應頂輪的金光是你身體物質性存在最高的位置、理性調頻的樞紐。在這特殊的光照耀下，臣服於「外面的世界沒有別人，自己才是唯一需要處理的」，你就掌握了屬於你的內在力量，以上星的智慧，重掌太陽尊貴的權柄。

⟿ 光的指引 ⟿

出現這張牌，提醒你提升理性體，因為大多數的時候，你的理性體都在慣性導航下運作。然而，信念不等於真理，你的信念不等於別人的信念。所以，未進化的理性體總是帶著陳腐的觀點去詮釋外在的一切，如同戴著有色鏡片妨礙你接受更高層次的思想理念。這些都是必須加以轉化的。

藍色之光 Blue Light

藍色光之女神，啟動智慧與內在的靈視力，穿透
虛妄的影像，讓你破除恐懼、見證真理。

我信任內在智慧的指引，只接受來自光與愛的教導。

藍色光之女神以智慧的螺旋，將你的意識向上提升，破除並轉離虛妄的影像，讓真理智慧經由你而顯現。眉心輪就是我們所稱的第三眼，一向是我們連結內在智慧與宇宙信息的入口。靜坐冥想便是在終止對外活動的情況下，讓頭腦和身心安靜下來，只有當我們的頻率趨向穩定時，才能清楚接收到較高意識的神聖指引。對應天王星的藍色之光，代表必須從有限的人生經驗所形成的侷限思想中釋放，與開悟智者的頻率連接。

過往我們無法從較高自我汲取智慧，多半皆出於恐懼，以佛教所說的五苦就能道盡：生老病死苦、愛別離苦、怨憎會苦、求不得苦、五盛陰苦。所以無論是害怕失去工作、所愛、金錢、疾病……，內容五花八門本質卻無二致。藍色光之女神，提醒你不要滋長自己恐懼的能量，因為你越將焦點放在擔憂上，越是增強它的能量，也就離真正的自由越遠。所謂「真理使你自由」，就是指除非經由你的許可、你的信念與你的創造，沒有任何事情可以侷限你。

≈ 光的指引 ≈

出現這張牌，告訴你「恐懼只能陪伴你們走到愛的門前」。當你對怎麼做感到擔憂與混淆，希望有更清明的視野。可以呼請啟動眉心輪的藍色之光，突破肉眼物質上的限制，得到清晰的洞見。

綠寶石之光 Emerald Green Light

綠寶石光之女神，啟動喉輪創造與溝通的勢能，幫助你展開新事業並帶來全面更新的表達。

我的創造力無遠弗屆，萬事萬物都能點石成金。

綠寶石光之女神送來新機緣的福音。有時候我們會覺得死氣沉沉，都是因為在表達上出現障礙，不敢或不願意把自己暴露出來。當燦爛的綠寶石之光在喉輪啟動時，表示你該為自己發聲了。綠寶石的創造與溝通之光，對應太陽、水星，當水星與雙子座風向的特質被啟動時，可協助你以更有想像力的方式來表達自己。

綠寶石之光的無比豐盛來自新思維和人脈的推動，因為打開了喉輪溝通的意願，使位於頸部下方身體的情緒感受體，與頸部上方的理性思想體得以銜接。過往心裡喜歡而頭腦不敢想的，就在突破侷限、勇於創造的頻率流動下突破瓶頸。那些先前從沒想過的人事物，突然串連起來，形成一幅清晰光彩的織錦畫；同時，你也有機緣因為這樣頻率的流動，結識新的夥伴、得到新的訊息、進展新的關係、進行新的計畫、開拓新的事業。只待你願意以太陽的熱情去突破與表達。

～ 光的指引 ～

出現這張牌，表示通往富足的重大計畫將要展開。當你正視內在本質的天賦，大衛之星的力量之盾，也將護衛你遠離一切阻礙，勇於表達創造，使你的太陽和王者之獅的風範展露無疑。而藉由勇於為自己現身，將能重新啟用你投生地球就被賦予的存摺，活化創造的存款。

紫色之光 Violet Purple Light

紫色光之女神，啟動意志輪的至善意願，讓我們
捨棄成見，看到每個人的神聖本質。

我的至善意願，讓我心懷慈悲，並得以理解真理。

紫色光之女神啟動意志輪的至善意願，以較高的觀點來看待表象的分歧，帶著高度的接納來面對不同的人事物。因為人我之間諸多的信念就如同綻放的蓮花，各有其詮釋世界的角度，但藉由超越小我侷限的眼光，接受每個人自由意志的選擇，願意對真理敞開，這樣的理解就能形成完美的蓮花，即便在五濁惡世的沉重磁場中，依舊能以純淨的心識帶來轉化的頻率。

容許多元的觀點與表達，是通往合一的第一步。紫色之光對應木星與射手座，是具備哲理及宗教高度的，也是相當具有擴展性的光。因此，如果你現在處於平靜無波的穩定狀態，有可能會有一些新的局面把你帶上高原，迎接不同的視野，然而過程中卻未必平靜；若是你現在已處於紛紛擾擾波濤洶湧中，提高眼界才能讓你超越亂流，重新回歸內心的平安。

◈ 光的指引 ◈

出現這張牌，鼓勵你多從事與靈性相關的服務。如果往昔有一些過不去的事，可以將之送到紫色火焰中焚燒轉化，這些都是你早知該捨卻不甘釋放而自苦的。如果你詢問的是一段關係，表示你們有機會成為良師益友，然而過程中彼此都需要完成一些課題，都必須要有足夠的意願，才能一起成長、攜手同行。

紅寶石之光 Ruby Red Light

紅寶石光之女神，啟動心輪並帶來全面性的療癒能量，
修復受損的肉體並縫合破損的心。

我的身體、情緒與心靈，都被滿滿愛的能量所修復。

紅寶石光之女神，啟動心輪的療癒力，喚起內心深處愛的玫瑰。這是具有強大療癒力的女神，當你抽到這張牌時，紅寶石光之女神正在提醒你是否還固守著往昔傷痕，背負著因為執著而無法超渡的自己；同時，女神也承諾你：只要你願意將自己的執著交託給釋放因果的十字架，隨時你都能回到聖愛的頻率中。

此外，這張牌也指出你天生具備療癒的能力，紅寶石之光對應著水星和處女座，在紅寶石之光的頻率下，水星發揮強大精密的組織力，足以縫合受傷及破碎的身心靈。這樣的頻率很適合從事治療、諮商、醫護，或與此相關的工作當作個人的志業。

～ 光的指引 ～

出現這張牌，代表有機會修補一段關係、憾事，或找回失物。在神聖的天堂中沒有失落，我們的外在都如實反映出我們內在的頻率，因此治癒自己是刻不容緩的。對於過去曾經感受到的傷害，如果你已決定釋放並回到愛中，卻茫然不知如何是好，建議你可以僻靜獨處，送出意願，祈請紅寶石光之女神，用清晨帶著露珠初綻放的玫瑰，撫慰、洗滌並修復傷口。讓你理解到那些經歷都是自我成長的一部分，並以此打開更大接受愛的能力。在聖愛中，祂將為你戴上紅寶石的玫瑰花冠，指引你創造出新的實相，並重新見證愛的奇蹟。

橘色之光 Orange Light

橘色光之女神，啟動太陽神經叢的直覺力，破除外在
虛妄的投射、接受內在神聖的指引。

我珍惜我的感受與直覺，不再因外在的投射而動搖。

橘色光之女神，啟動太陽神經叢的直覺力，引領你聆聽內在神聖的訊息，並藉由提高洞察力，體認到萬有合一的宇宙意識。橘色之光對應著海王星和雙魚座，因為海王星無國界的消融性，對外門戶大開，很容易對別人的感受照單全收，造成身心極大的負荷。所以，你必須學習去分辨哪些是屬於你自己的？哪些又是別人的？背負著別人的投射不會讓別人更輕鬆，只能讓自己更沉重。

橘色光之女神提醒你是該正視自己感受的時候了。在長期的壓抑下，可能會有消化系統、神經系統等不適的症狀，特別是胃部疾病。對於本然具有的直覺力，你可能會因為過多的恐懼而形成糾結，反而讓自我編造一些合理的藉口去掩蓋原本知道的事，讓自己繼續陷落在慣性的模式中。培養識別力以擴展心識，經由不斷的練習，你將逐漸能分辨出哪些是來自光與較高自我的訊息。

⊰ 光的指引 ⊱

無論你詢問的是什麼主題，這張牌要告訴你：「答案自在你心中。」你完全知道該如何做，如何做出選擇，只是不願意相信。你有功能完善、時時更新的內在導航系統，何必去買一套錯誤百出的外在導航程式呢？請試著回歸內在，獨處與冥想都能喚醒你的覺知，與內在全知的神性連接，不需要再向外四處尋求答案。

粉紅色之光 Pink Light

粉紅色光之女神，啟動臍輪無條件的愛，讓你感受到
無盡的支持，帶來和諧、平衡與完美。

我沐浴在無條件的愛中，也給予別人相同美好的品質。

粉紅光之女神，啟動臍輪無條件的聖愛頻率，帶來平衡、和諧與完美。對應著金星、金牛座與天秤座，粉紅色之光將你帶入全面美好的愛之中。認知完美是一種理念，沒有客觀的標準，你對完美的理念，決定來到生命的所有機緣是否完美。粉紅色光之女神帶來相互連鎖的三角形，為你帶來全面的平衡，你可以觀想自己位於三角形的核心之中，進入光的源頭去重新感受與經驗愛。

無條件的愛從接受自己開始。粉紅光之女神給予你情感的支持，讓你知道無論外在多麼讓你感到失落，多麼讓你懷疑自己是否真的能夠擁有愛，在你真實的本質中都是被深深愛著的。每天為自己空出一段時間做「愛自己」的練習，允許自己放鬆，允許你為榮耀自己、美麗自己而努力，允許自己把金錢花在那些看起來並不實際，卻能帶給你滋養的事物上。你必須重新審視自己對完美的定義，並且知道你已站在完美的核心當中，可以繼續做出更多美好的表達，卻不是在匱乏的土地上向外索求。因為完美從來不是向外追求來的，而是在接受中，如實的呈現。

～ 光的指引 ～

出現這張牌，肯定你真實渴望的方向是被無條件的支持著，接受、信任並持續給自己鼓勵，你將會看到期待的結果。

紫水晶之光 Amethyst Light

紫水晶光之女神，啟動臍輪下方和平勇士之光的能量，
協助你以愛的力量說出自己的真實。

我從矛盾衝突中獲得成長，學會溫和堅定的表達。

紫水晶光之女神，啟動臍輪下方勇者之光的頻率，讓你帶著和平的至高意願來表達你的真實理念。這是一張稍具挑戰性的牌，每當外在環境與我們的想法衝突，尤其遇到本質性、原則性，或涉及真理、正義的議題時，這時的衝突與挑戰就變得相對沉重。然而在對立中，彼此各據一方，所有的管道就封閉了，很難有突破性的進展。

往往，我們不知道自己內在的衝突與矛盾有多深，痛苦的印記使得我們的憤怒一觸即發、野火燎原，拒絕所有與外界溝通的方式，同時也反映出自己內在的不和諧。

聖雄甘地很能代表這張牌的精神意涵，他以柔性及不批判的正義來表達主張，不因敵對與矛盾消耗他內在的覺知。我們不會因為戰鬥意識而使自己更具力量，也不會因為隱藏自己的理念就擁有和平。火星的行動力之所以能結合和平鴿，為我們帶來美好的願景，正因為勇於成為真實的自我，也包容尊重不同的價值，才能達到與上主合一的頻率。

～ 光的指引 ～

出現這張牌，建議你用不同的角度來看待衝突矛盾與身體的病痛。健康上應注意身體發出的求救或抗議訊息，應該多與身體對話，採取自然療法代替對抗醫學；面對沒有共識的對立意見，則建議重回談判桌，只要站在更高的視野，沒有公因數也有公倍數，這就是和平的新觀點。

薄荷綠之光 Mint Green Light

薄荷綠光之女神，啟動骨盆中間復甦與更新的能量，
讓你浸潤在豐盛的意識與感受中。

我更新細胞、啟動脈輪，接受全面的新生與無盡的豐饒。

薄荷綠光之女神啟動骨盆中央的生命輪，將豐饒之角傾注於你，請張開雙臂來迎接。這張牌的出現，表示宇宙已接受你的呼請，從上而下連結著地球的資源。因此，如果有任何想執行的新計畫，卻擔心財務等問題，可以在薄荷綠之光的照耀下將這樣的匱乏意識釋放掉，聽聽內心的渴望，因為豐饒之角的資源一向只提供給懂得珍惜、善用的人，當你為自己真實的渴望行動時，這就是最流暢的頻率，來自宇宙無盡的豐盛都將參與這樣的神聖計畫，信任與積極的去迎接吧！

你可以花些時間寫下自己想要的生活、工作、情感……等等，描述得越清晰越好，觀想這豐饒之角在地球上從心識加以創造，進而顯化出物質實相，然後去感受被顯化出來的心情。當你帶著這樣真實的感受去進行所有的計畫，便能聽到較高自我的指引，使你與浩瀚的宇宙形成雙向交流，這是一股神聖的創造之流，也是心想事成的宇宙法則得以運作的方式。

∽ 光的指引 ∽

出現這張牌，請記得時時提醒自己，擔憂與恐懼會關閉豐盛的閘門。如果過往你常常不小心就關上了閘門，現在正是打開的時候。宇宙中沒有不可能的事，包括你的身體健康也同時會得到更新。

赤紅色之光 Scarlet Light

赤紅色光之女神，啟動海底輪的能量，支持你
以義無反顧的熱情，完成生命的渴望。

我真實的熱情點燃生命的勢能，完成此生更高的表達。

赤紅色光之女神，啟動海底輪孕育生命的熱忱，開啟的能量足以讓我們重生。赤紅色光之女神帶來埃及神聖的安卡（Ankh），也就是 T 形十字章 —— 這「生命之符」象徵陽性與陰性能量充分的聯合與平衡。每當我們在深沉的欲望門口徘徊，這些讓人近鄉情怯、不敢碰觸的，卻往往是我們最想要的。可以去觀照一下自身，你的工作、關係、生活等等，是否活出了你的熱忱？如果答案是肯定的，祝福你繼續探索，實現自己的天命，終將臻至生命的圓滿與整合；反之，若是你時常感到疲累、無奈又無力改變，就表示該是面對自己真實渴望的時候了。

這張牌鼓勵你放下對生存的恐懼，放下對自我懷疑的限制。觀想若沒有現實的壓力，什麼才是你要的？就像植物行光合作用，讓你感到熱忱的事物就像葉綠素，必須讓它接觸陽光，才能產生轉化，變成養分。如果你總是將植物放在暗室，當然會死氣沉沉。因此，赤紅色光之女神鼓勵你，正視自己內心深處真實的渴望，容許它的出現，帶動你生命的驅策力，並邁向與較高自我整合的方向。所以，就勇敢的去做吧！

～ 光的指引 ～

出現這張牌，肯定你有強大的重生與轉化能力，想像自己是煉金師，什麼才是今生想要煉就出來的黃金？給自己一個定義，這能否引動對生命的熱忱？生命之符會與你共同創造。

黑色之光 Earth Centre for Grounding
(Black Power Ray)

Earth Centre for Grounding

黑色光之女神，啟動與地心連結的能量，讓你的所有
體系及自我能在地球上落實。

我雙腳穩穩踏在土地上，築夢踏實我的人生。

黑色光之女神就像錨一般的穩定，藉由這股接地的能量，為我們帶來重新省視自己的機會。黑色光之女神與白色光之女神，分別位於我們腳底下方與頭頂上方能量的兩極，彼此互相呼應，協助我們將覺知落實在物質層面。因為生活在地球上，扎根的能量非常重要，過於認同物面，會侷限自我做更高的表達；而過於空靈、不著邊際，也無法建立穩定的物質基礎來支持靈性的進展。走到現在，你已歷經許多過程，也可能新的計畫尚在規畫或不斷翻案中。黑色光之女神，肯定你到了必須落實的時刻。如果你的計畫偏離現實，執行就是一個檢視的機會。唯有如此，才能讓這些看不見的能量空洞無所遁形，迫使你更改方案或找到執行的方法，而不是漫無目標的隨意發散精力，達成之日遙遙無期。此外，你可以更全心投入有著共同目標的社群，以落實為基礎，創造出群體從靈性到物質全面和諧的關係。

為了我們生活在地球上得以探索物質實相的載體──身體，需要按時保養並維護其功能的完善。平時多到戶外走動、呼吸新鮮空氣並釋放壓力、赤腳走在大地上，能有效提振身體的能量。

∽ 光的指引 ∽

出現這張牌，提醒你思考今生所要探索的物質基礎，在財務與事業上，建議以階段性思考，逐步完成眼前的事務再求拓展，會是比較務實的做法。

⊕　地球

Earth

☽　月亮　♋

Moon

♀　金星　♉♎

Venus

☉　太陽　♌

Sun

☿　水星　♊♍

Mercury

♂　火星　♈♏

Mars

地球
❶ 地球
❷ 卡魯那靈氣符號

太陽
❶ 太陽
❶ 卡魯那靈氣符號

月亮
❶ 月亮
❷ 臼井靈氣符號

水星
❶ 水星符號
❷ 臼井靈氣符號

金星
❶ 金星權杖
❷ 臼井靈氣符號

火星
❶ 火星符號
❷ 卡魯那靈氣符號

木星　Jupiter

天王星　Uranus

冥王星　Pluto

土星　Saturn

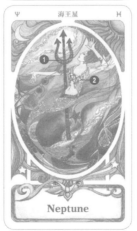

海王星　Neptune

凱龍星　Chiron

木星
① 木星符號
② 臼井靈氣符號

土星
① 土星環
② 臼井靈氣符號

天王星
① 天王星寶冠
② 卡魯那靈氣符號

海王星
① 海王星三叉戟
② 卡魯那靈氣符號

冥王星
① 冥王星符號
② 卡魯那靈氣符號

凱龍星
① 凱龍星符號
② 卡魯那靈氣符號

☊ 北交點

North Node

♂ 牡羊座 △

Aries

☿ 雙子座 △

Gemini

☋ 南交點

South Node

♀ 金牛座 ▽

Taurus

☽ 巨蟹座 ▽

Cancer

北交點
① 北交點符號
② 卡魯那靈氣符號

南交點
① 南交點符號
② 卡魯那靈氣符號

牡羊座
① 鳳仙花
　Impatiens

金牛座
① 龍膽
　Gentian

雙子座
① 水蕨（紫金蓮）
　Cerato

巨蟹座
① 鐵線蓮
　Clematis

獅子座

Leo

天秤座

Libra

射手座

Sagittarius

處女座

Virgo

天蠍座

Scorpio

摩羯座

Capricorn

獅子座
1 馬鞭草
Vervain

處女座
1 矢車菊
Centaury

天秤座
1 線球草
Scleranthus

大蠍座
1 菊苣
Chicory

射手座
1 龍芽草
Agrimony

摩羯座
1 溝酸醬
Mimulus

Aquarius

Silver Light

Gold Light

Pisces

White Light

Blue Light

水瓶座
❶ 水菫
　Water Violet

雙魚座
❶ 岩玫瑰（岩薔薇）
　Rock Rose

銀色之光
❶ 靈魂體的中心點
❷ 銀色聖杯

白色之光
❶ 靈魂體的中心點
❷ 眼睛

金色之光
❶ 頂輪
❷ 火焰

藍色之光
❶ 眉心輪
❷ 螺旋

Emerald Green Light

Ruby Red Light

Pink Light

Violet Purple Light

Orange Light

Amethyst Light

綠寶石之光
1️⃣ 喉輪
2️⃣ 大衛星
紫色之光
1️⃣ 意志輪
2️⃣ 蓮花

紅寶石之光
1️⃣ 心輪
2️⃣ 十字架、心與玫瑰
橘色之光
1️⃣ 太陽神經叢
2️⃣ 眾多的臉

粉紅色之光
1️⃣ 臍輪
2️⃣ 相互連鎖的三角形
紫水晶之光
1️⃣ 臍輪下方
2️⃣ 鴿子

Mint Green Light

Scarlet Light

Earth Centre for Grounding

薄荷綠之光	赤紅色之光	黑色之光
❶ 骨盆中間	❶ 海底輪	❶ 黑色之光中心點
❷ 豐饒角	❷ T型十字章	
	❸ 鑽石	

行星符號		
地球 ⊕	土　星 ♄	
太陽 ☉	天王星 ♅	
月亮 ☽	海王星 ♆	
水星 ☿	冥王星 ♇	
金星 ♀	凱龍星 ⚷	
火星 ♂	北交點 ☊	
木星 ♃	南交點 ☋	

星座符號	
牡羊座 ♈	天秤座 ♎
金牛座 ♉	天蠍座 ♏
雙子座 ♊	射手座 ♐
巨蟹座 ♋	摩羯座 ♑
獅子座 ♌	水瓶座 ♒
處女座 ♍	雙魚座 ♓

行星對應各星座的廟旺弱陷表

簡單來說，藉由這個表可以看到行星在不同星座上的舒適度。
廟宮、旺宮相對舒適，陷宮、弱宮則相對挑戰多一些，僅提供
您在牌卡解讀時的參考。

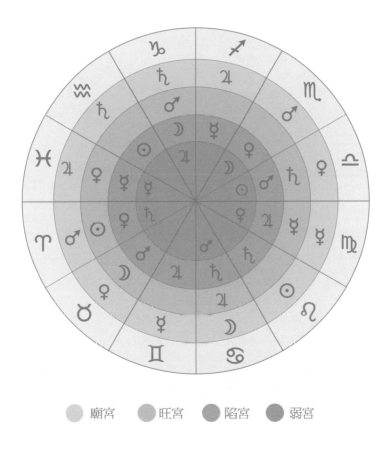

廟宮　　旺宮　　陷宮　　弱宮

國家圖書館出版品預行編目（CIP）資料

星光女神卡：聆聽星星訊息，召喚內在之光——
與靈氣、花精、光頻共振的訊息卡／蔣豐雯 Francis Chiang 著. -- 初版.
-- 臺北市：豐富文化，漫遊者文化出版：
大雁文化發行，2017.02　128 面；　公分 -（Universe；01）
ISBN 978-986-94147-0-8（精裝）
1. 占卜

292.96　　　　　　　　　　　　　　　　　　　　　　　　　105023707

Universe 01

星光女神卡

聆聽星星訊息，召喚內在之光 ── 與靈氣、花精、光頻共振的訊息卡
Starlight Goddess Oracle Cards

圖文創作／蔣豐雯 Francis Chiang
美術設計／Shizuka Lu
行銷企劃／林芳如
行銷統籌／駱漢琦
業務發行／邱紹溢
業務統籌／郭其彬
執行編輯／蔣豐雯
總 編 輯／蔣豐雯

出　版　豐富文化／漫遊者文化事業股份有限公司
地　址　台北市松山區復興北路三三一號四樓
電　話（02）27152022
傳　真（02）27152021
讀者服務信箱　service@azothbooks.com
漫遊者臉書　https://www.facebook.com/azothbooks.read
劃撥帳號　50022001
劃撥戶名　漫遊者文化事業股份有限公司

發　行　大雁文化事業股份有限公司
地　址　台北市松山區復興北路三三三號十一樓之四

初版一刷　2017年2月
定　價　台幣980元
ISBN　978-986-94147-0-8（精裝）

Jupiter

Saturn

Mars

Emerald Green Light

Earth

Venus

Mercury

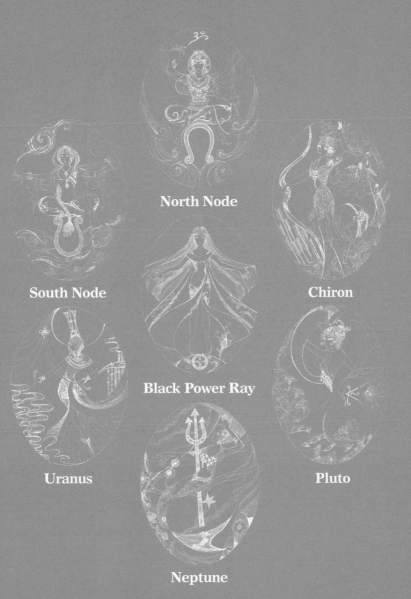

North Node

South Node

Chiron

Black Power Ray

Uranus

Pluto

Neptune